¡Hola, ambulancias!

F.D. N.Y.
AMBULANCE
326
F.D. N.Y.
AMBULANCE
KEEP BACK
NOW OPEN
Leon Bakery
Mount Sinai
1762

MARAVILLAS VEHÍCULOS 36

AMBULANCIAS

KATE RIGGS

CREATIVE EDUCATION | CREATIVE PAPERBACKS

¡CREO QUE DEBERÍAMOS DARNOS PRISA!

tabla de contenido

Publicado por Creative Education y Creative Paperbacks
P.O. Box 227, Mankato, Minnesota 56002
Creative Education y Creative Paperbacks
son sellos editoriales de The Creative Company
www.thecreativecompany.us

Diseño de Wyeth Morgan
Dirección artística de Blue Design (www.bluedes.com)

Imágenes de Dreamstime/Brad Calkins, 10–11, Golden Sikorka, portada (izquierda), 16, Travis Manley, 3, 20–21; Getty Images/kali9, 6–7, 14–15, Pat Lacroix, 8–9, Tetra Images, 13; iStock/Georg Barth, 18–19; Shutterstock/Leonid Smirnov, 24, Monkey Business Images, 17; Unsplash/Benjamin Voros, 2, Corey Willett, 23, Frank van Hulst, 4, Ian Taylor, portada (derecha), Mathurin NAPOLY / matnapo, 1; Wikimedia Commons/Souter, David Henry, portada (centro)

Library of Congress Cataloging-in-Publication Data
Names: Riggs, Kate, author.
Title: Ambulancias / by Kate Riggs.
Other titles: Ambulances. Spanish
Description: Mankato, Minnesota : Creative Education and Creative Paperbacks, [2026] | Series: Maravillas | Includes index. | Audience: Ages 4–7 | Audience: Grades K–1 | Summary: "An engine-revving introduction to ambulances, this transportation book for beginning readers features eye-catching photographs, humorous captions, and basic facts about the emergency transport vehicles. This Spanish text includes a labeled vehicle guide, glossary, and index"– Provided by publisher.
Identifiers: LCCN 2024053410 (print) | LCCN 2024053411 (ebook) | ISBN 9798889898726 (library binding) | ISBN 9781682779125 (paperback) | ISBN 9798889899518 (ebook)
Subjects: LCSH: Ambulances–Juvenile literature. | Ambulance service–Juvenile literature. | CYAC: Ambulances. | Ambulance service.
Classification: LCC TL235.8 .R5418 2026 (print) | LCC TL235.8 (ebook) | DDC 629.222/34–dc23/eng/20250116
LC record available at https://lccn.loc.gov/2024053410
LC ebook record available at https://lccn.loc.gov/2024053411

Impreso en la India

Las ambulancias ayudan a las personas heridas y las llevan al **hospital**.

¡BEE-BEE!
¡BEE-BEE!

Una ambulancia parece una camioneta grande. Generalmente es blanca, con rayas en los costados.

Las ambulancias tienen muchas luces intermitentes. También tienen sirenas ruidosas. ¡Les indican a las personas que se aparten del camino!

CUANDO ME OIGAS, ¡PRESTA ATENCIÓN A LAS LUCES!
NCE

Una persona conduce la ambulancia. Los demás trabajadores se llaman paramédicos.

¿PUEDO CONDUCIR?
¡NO!

LAS AMBULANCIAS LLEGAN RÁPIDAMENTE PARA AYUDAR A LAS PERSONAS.

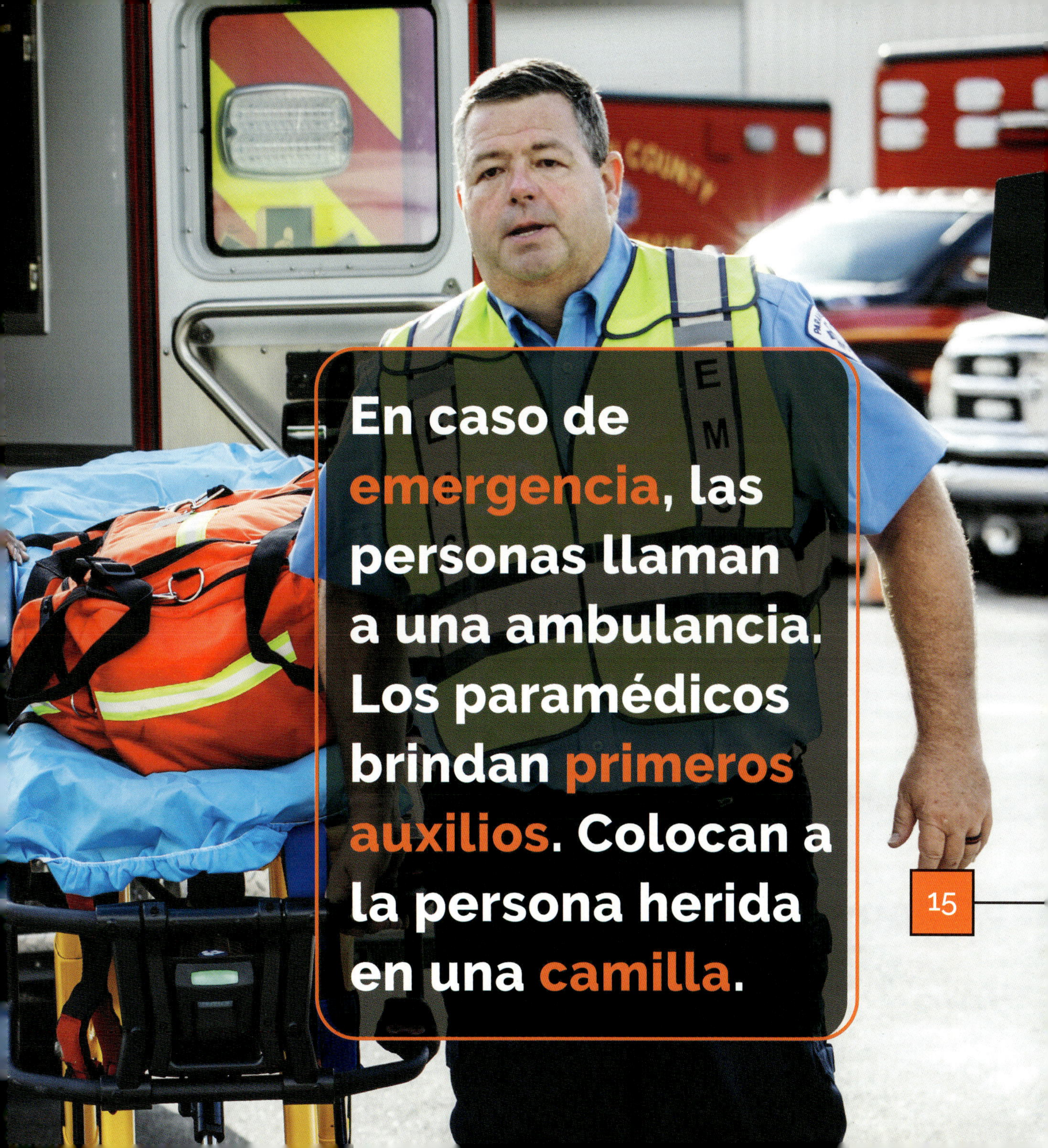

En caso de **emergencia**, las personas llaman a una ambulancia. Los paramédicos brindan **primeros auxilios**. Colocan a la persona herida en una **camilla**.

Los médicos y enfermeros se encuentran con los paramédicos. Luego, la ambulancia regresa a su base.

¡Adiós, ambulancias!

[Imagina una ambulancia]

AMBULANCE
LUCES DE ESCENA
ARMARIO DE EQUIPO

PALABRAS QUE DEBES CONOCER

camilla: cama especial con ruedas que se utiliza para trasladar a personas heridas

emergencia: algo malo que sucede de repente

hospital: lugar donde médicos y enfermeros trabajan para ayudar a las personas a curarse

primeros auxilios: las primeras cosas que puedes hacer para ayudar a alguien que está herido

sirenas: objetos que emiten ruidos fuertes como señal de que se aproxima un vehículo

17
MEDIC 17
CINCINNATI
FIRE DEPARTMENT

ÍNDICE ALFABÉTIC